T0145759

glaubensstark

T V Z

SABINE BRÄNDLIN (HG.)

glaubensstark
Männergebete aus dem Aargau

TVZ
Theologischer Verlag Zürich

Gedruckt mit freundlicher Unterstützung der
Reformierten Landeskirche Aargau.

 REFORMIERTE LANDESKIRCHE AARGAU

Bibliografische Informationen der Deutschen Nationalbibliothek
Die Deutsche Nationalbibliothek verzeichnet diese Publikation in der
Deutschen Nationalbibliografie; detaillierte bibliografische Daten sind
im Internet über http://dnb.d-nb.de abrufbar.

Umschlaggestaltung
Mario Moths, Marl
Unter Verwendung der Fotografie des zentralen Chorfensters von
Felix Hoffmann: Auferstehung (Ausschnitt), reformierte Kirche Bözen,
1961. Foto: Hans Fischer

Bildauswahl
Barbara Strasser, Aarau

Satz und Layout
Mario Moths, Marl

Druck
Rosch-Buch GmbH, Scheßlitz

978-3-290-17838-3
© 2015 Theologischer Verlag Zürich
www.tvz-verlag.ch

INHALT

Jetzt bist du da – vertrauen

Dein Weg mit mir? – fragen

Rüttle mich wach – bitten

Geleitwort

Das ganze Leben!

Dankbarkeit über die Geburt von Kindern. Gotteslob aus Freude an der Schönheit der Natur und des Lebens. Bitte um Schutz für die Nächsten, auf Reisen und Fürbitte für andere Menschen. Zweifel und Unverständnis, Trauer und Hader über den Tod eines geliebten Menschen, über Gewalt und Not in der Welt. Glück und Tod, Angst und Zuversicht: das ganze Leben!

Selten wurde mir so deutlich wie beim Lesen der vorliegenden Gebete von Männern aus dem Aargau, dass es im Gebet um das ganze Leben geht. Nichts, was Menschen erfahren, erdulden, erhoffen, das nicht Platz hätte in einem Gebet. Oft reichen wenige Worte. Manchmal braucht es mehr um zu fassen, was wir vor Gott bringen möchten. Vielleicht findet jemand gar nicht die richtigen Worte für das, was ihm am Herzen liegt. Doch über jedem Gebet liegt die Verheissung aus der Bergpredigt (Matthäus 6,8), dass Gott weiss, was Menschen brauchen, noch ehe sie beten. Das ist gewiss keine Einladung, das Beten gleich ganz sein zu lassen. Es heisst aber, dass wir – sofern ein Gebet von ganzem Herzen kommt – nicht falsch beten können. Das ganze Leben hat Platz. Jeder Mensch. Dieses Buch lädt dazu ein, sich mitnehmen zu lassen, teilzunehmen am Leben: Teil der Gemeinschaft der Betenden zu sein.

Christoph Weber-Berg, Pfarrer, Kirchenratspräsident der Reformierten Landeskirche Aargau

Vorwort

«Beten Männer überhaupt?» Diese Frage bekam ich während der Entstehung des vorliegenden Buches oft zu hören. Diese Frage hat mich überrascht und – auch als Frau – getroffen. Die Infragestellung eines persönlichen Gebetslebens von Männern konnte ich nicht nachvollziehen. Ich war deshalb entschlossen, den Gegenbeweis anzutreten. Zugegeben: Es brauchte viele Anfragen, um die Gebete für dieses Buch zu erhalten. Umso mehr freue ich mich, dass 45 Männer und Knaben ein Gebet für dieses Buch verfasst haben. Der Titel «glaubensstark» verdeutlicht, wie stark Männer in ihrem Glauben verwurzelt sind.

Das Buch «lebensstark. Frauengebete aus dem Aargau», das im Herbst 2014 erschienen ist, hat damit ein männliches Pendant erhalten. Es wäre nun ein Einfaches, die beiden Gebetsbücher miteinander zu vergleichen und zu fragen, ob Männer oder Frauen die glaubens- oder lebensstärkeren Gebete verfasst haben. Ich lade alle ein, dieser Versuchung zu widerstehen. Diese beiden Bücher sind nicht entstanden, damit sie miteinander verglichen werden können, sondern damit Frauen und Männer dazu angeregt werden zu beten und über ihr eigenes Beten nachzudenken.

Ein Gebet fehlt. Michele Bisaro war Sozialdiakon in der Kirchgemeinde Aarau. Er hat mir als einer der Ersten zugesichert, ein Gebet für dieses Buch zu schreiben. Michele ist am 23. März 2015 verstorben. Sein Gebet fehlt. Er fehlt.

Dieses Buch konnte nur dank der grossen Mithilfe von vielen Männern und Frauen entstehen. Allen Männern, die ein Gebet für dieses Buch verfasst haben, gebührt mein grosser Dank. Barbara Strasser danke ich sehr herzlich für die Bildauswahl. Einen grossen Dank richte ich zudem an den Kirchenrat der Reformierten Landeskirche Aargau für die tatkräftige Unterstützung und an Lisa Briner, Verlagsleiterin des Theologischen Verlags Zürich, für die sehr angenehme Zusammenarbeit. Allen Mitarbeitenden in den Kirchgemeinden und bei den landeskirchlichen Diensten danke ich für die Vermittlung von Kontakten und ihre Anfragen bei interessierten Männern. Dieses Buch zeigt, wie Männer beten und dass Männer beten.

Sabine Brändlin, Pfarrerin, Fachstelle Frauen, Männer, Gender der Reformierten Landeskirche Aargau

Jetzt bist du da –
vertrauen

Felix Hoffmann: Das Gleichnis vom grossen Gastmahl aus dem Fenster
der reformierten Kirche Buchs, 1970. Foto: Hans Fischer

Jetzt bist du da

Die Sonne ist aufgegangen.
Jetzt bist du da,
aber auch in der Nacht warst du bei mir.
Darum danke ich dir.
Wenn du nicht da wärst,
könnte ich nicht schlafen
und wäre am nächsten Morgen nie so glücklich.

Amen

Luca, 2004, Schüler, Gränichen

Erwarten

Ich bin zu Hause
und doch ständig unterwegs

Ich bin wach
aber ich wache nicht

Ich bin nüchtern
und geh doch trunken durch den Tag

Ich bin auf Standby
aber nicht guter Hoffnung

Ich erwarte viel von mir und den anderen
aber dich, Gott, erwarte ich nicht

Nicht heute
habe so viel zu tun

Zum Glück gibst du nicht auf
und wartest
bis ich zu Hause bin

Amen

Heinz Schmid, 1955, Theaterpädagoge und Laienprediger,
Rombach

Unser grosser, geheimnisvoller Gott

Herr, wir preisen dich.
Du bist unser grosser, geheimnisvoller Gott!
Du hast unseren Lebensraum werden lassen:
Licht und Wärme der Sonne,
die fruchtbare Erde
mit der Luft,
mit dem Kreislauf des Wassers,
mit den Pflanzen und Tieren,
mit den wertvollen Bodenschätzen.
Von dir kommt das Wunder unseres Lebens,
unserer Gesundheit,
unserer Liebe.
Du hast uns mit vielerlei Fähigkeiten ausgestattet
und uns so sinnvolle, erfüllende Tätigkeiten
ermöglicht.
Damit gibst du uns das tägliche Brot.
Wir finden die Grundstoffe für unsere Kleider,
für unsere Häuser,
für unsere Werkzeuge, Geräte und Maschinen.
Du gewährst uns Einblick in die Ordnung der Töne
und lässt uns mit unseren Stimmen daran teilhaben.
Du lässt uns die Zusammenhänge der Schöpfung
erahnen,
auch verstehen.

Wir danken dir und bitten dich im Namen Jesu
um deinen schützenden Segen.
Herr, wir preisen dich.
Du bist unser grosser, geheimnisvoller Gott!

Amen

Urs Seiler, 1940, Kirchenmusiker, pensionierter
Werkjahr-Lehrer, als Freiwilliger tätig in der Kirchgemeinde
Kelleramt, Widen

Am Morgen

Gott
gerade heute
an diesem frischen Tag
ist alles möglich
Freude
und Trauer
im Jetzt
ohne Begrenzung
durchs Gestern
und durchs Morgen

Amen

Heinz Schmid, 1955, Theaterpädagoge und Laienprediger,
Rombach

Gebet am Abend

Lieber Vater im Himmel, einmal mehr hast du mir heute die Vollkommenheit deiner Schöpfung vor Augen geführt.

Ich danke dir für die vielen lehrreichen Begegnungen, für die Augenblicke der Klarheit, wenn Missverständliches die Sinne zu trüben drohte, für die vielen schönen Momente in der Gemeinschaft mit der Familie, mit Freunden und im Beruf.

Lieber Vater, deine Gnade ist unermesslich. Du gibst uns, was wir brauchen. Lass uns erkennen, was wir von der Fülle um uns tatsächlich benötigen. Lass uns das Wesentliche erfassen und es dankbar annehmen. Lass uns das Zuviel in Demut ablehnen.

Herr, ich danke dir für die steten Zeichen, dass dein Heiliger Geist wirkt, vor allem in Zeiten, in denen Hoffnungslosigkeit und Wut mein Handeln zu bestimmen drohen. Lass ihn dort wirken, wo Konflikte mir den Blick auf den Menschen nehmen, wo Vergeltung wichtiger scheint als Vergebung. Lass deine heilige Kraft dort fliessen, wo Zuversicht und Hoffnung siegen müssen über Geld und Macht, über Waffen und stumpfen Gehorsam. Herr, mach uns zu einem Werkzeug deines Friedens. Lass uns alle zur Ruhe kommen, damit die Welt etwas zur Ruhe kommen und wieder atmen kann.

Lieber Vater, ich danke dir für dein Versprechen, dass wir unter deinem Schutz stehen und wir uns vor nichts fürchten müssen. Vergib mir, wenn mich in Augenblicken, in denen der Verstand das Wesentliche nicht mehr erfasst, Zweifel beschleichen. Vergib mein Streben nach trügerischer Sicherheit und oberflächlicher Perfektion. Lass uns alle Zuversicht und Vertrauen schöpfen aus den vielen Zeichen, dass du unter uns bist und uns behütest.

Lieber Vater im Himmel, die Nacht bricht an. Ich bitte dich: Wach über unser aller Schlaf und lass uns morgen aufwachen – mit frischer Zuversicht und Freude an deiner Schöpfung und Gnade.

Amen

Peter Wiedemeier, 1966, Schulleiter, Tegerfelden

Ich will dich spüren, mein Gott

War das ein schöner Tag, den du mir geschenkt
hast.
Schon vom frühen Morgen an liessest du die Sonne
scheinen,
die Vögel zwitscherten um die Wette,
ein frühlingshafter, leichter Wind blies mir in die
Haare.
Ich meinte, dich zu spüren, mein Gott.

Auch meine Pflichten und Aufgaben gingen mir
wie von selbst von der Hand.
War es nur das schöne Wetter, das mich beflügelte?
Oder warst du mir tatsächlich so nahe?
Ich kann es nicht mit Gewissheit sagen.

Aber ich will dich spüren und hören,
im Wind, im Sonnenschein, im Vogelgezwitscher,
auch in der Gewissheit,
dass ich dir nicht gleichgültig bin, o Gott.

Du hast mich geschaffen wie alles um mich,
du hast meine Mitmenschen ebenso geschaffen,
ob sie mir passen oder nicht.
Du hast sie mir zu Seite gestellt, als Freunde,
als Helfer, als Mahner,
und ich lebe mit ihnen,
bei Sonnenschein und auch bei Gewitter und
Sturm.

Ich weiss, dass du auch bei mir bist,
wenn es um mich stürmt, blitzt und donnert,
wenn ich das Gefühl habe,
die ganze Welt habe sich gegen mich verschworen.
Du lässt mich nicht allein, mein Gott.

Ich kann meine Nächsten um mich herum nicht
immer verstehen,
kann ihr Tun und ihr Verhalten oft nicht fassen.
Hilf mir zu begreifen, dass du auch mit ihnen bist,
dass auch sie deine Kinder sind.

Herr, Vater im Himmel, danke,
dass du mir einen so schönen Tag geschenkt hast,
dass ich mit vielen Mitmenschen unterwegs war,
dass ich im Verhalten von einigen dich erkennen
konnte
und sie mir eine Zeit lang nahe waren.

Schenke mir eine ruhige Nacht,
in der ich mich ausruhen und Energie tanken kann
für den morgigen Tag.
Danke, Herr, dass ich heute schon weiss,
dass du mich morgen begleiten wirst.

Amen

André Rössler, 1938, pensionierter Verkaufssachbearbeiter,
gelernter Schriftsetzer, Suhr

In dir bin ich stark

Gott, du Allmächtiger,
der du die Welt erschaffen hast,
der mit seinem Hauch ganze Völker auslöschen
kann.
Dich dürstet es nach mir.

Deine Liebe zu mir war so gross,
dass dein eigener Sohn sein Leben geben musste,
um mich zu erretten.
Durch deine Vergebung darf ich dich Vater nennen.
Allein dies zu verstehen, übersteigt meinen
Verstand.

Jesus Christus, Sohn des Höchsten,
umgib du mich mit deiner Liebe,
deiner Geduld und deiner Geborgenheit.
Fülle mich mit deinem Geist,
damit ich Zeuge deiner Liebe sein kann.

Gib mir ein Herz, das nach dir dürstet.
Öffne mir die Augen, damit ich sehe.
Zeige mir den Weg für mein Leben.
In dir bin ich stark.
Ich will dir ganz vertrauen.

Amen

Andy Egger, 1972, Mitarbeiter Technischer Dienst, Glashütten

Danke, darf ich dich kennen

Himmlischer Vater,
danke für deine grosse Gnade, die du mir entgegenbringst. Danke, darf ich dich kennen und Vater nennen. Trotz meiner Untreue und meiner Irrwege bist du treu geblieben. Du kennst mich, weisst über meine Sorgen, Nöte, Schwächen und Ängste Bescheid. Du weisst besser als ich, was ich brauche und was gut für mich ist. Du gibst das Richtige zur rechten Zeit, und das gerne. Du rettest und vergibst mit Freude. Deine Gnade umfasst mein Leben immer und in allem. Du bist es, der mich am Leben erhält. Aus deiner Kraft kann ich Gutes wirken und dir die Ehre erweisen. Dein Geist ist bei mir und leitet mich auf gutem Wege in deine Gegenwart. Du bist es, zu dem ich stets mit Dank und Bitten kommen darf. So gut und gnädig kannst nur du sein, mein Gott. Du bist Gnade und Liebe. Mein letztes und höchstes Ziel kann nur sein, mich in der Gemeinschaft bei dir zu bergen.

Im Namen Jesu

Amen

Erwin Töngi, 1970, Arbeitsagoge, Othmarsingen

Fern und doch nah

Ferne
Ein christliches Elternhaus,
aber von deiner Liebe wenig spürbar,
ein psychisch kranker Vater,
der Dorfpfarrer auch wenig überzeugend:
Du bist mir fern, ich will nichts mehr von dir wissen.

Entwicklung zu grosser Nähe
Studium der Physik, Suche nach dem Ursprung
aller Dinge.
Bist du, Jesus, wirklich Gottes Sohn?
Ich suche dich oder suchst du mich?
Ich schenke dir mein Herz und mein Leben.
Du antwortest mit überwältigender,
mütterlicher Liebe,
obwohl unsichtbar, bist du Lebendiger, Liebender,
ganz nah.

Du trägst aus der Ferne
Schmerzhafte Erlebnisse der Kindheit machen mir
immer mehr zu schaffen,
eine Lebenskrise, aber auch der Anfang von viel
Therapie.
Doch dein unsichtbares Netz, eine wunderbare
Ehefrau und andere tragen mit,
Traumarbeit bringt viel Heilung, du schaffst viel
Licht im Dunkel,
du trägst, leitest und führst aus der Ferne.

Sturz aus der Nähe
Gesundheit, vier Kinder, familiäres Glück.
Eine klare Führung:
Mein Weg führt ins Kernkraftwerk,
Karriere, Abteilungsleitung, Sicherheitsleitung.
Doch dann der Tsunami mit Fukushima,
dazu ein gesundheitlicher «Tsunami» in der Familie:
«Mein Gott, mein Gott, warum hast du uns verlassen?»

Nahe Begleitung in der Ferne
Doch in Bedrängnis und Not sind deine Führung
und dein Tragen spürbar.
Du schaffst Hilfe und Entlastung,
in der Not erweist du dich als der wahre Helfer:
«Früher kannte ich dich nur vom Hörensagen,
jetzt hat mein Auge dich gesehen.»

Zweifel an deiner Nähe
Doch Rückschläge und bange Momente bleiben,
manchmal lässt deine Hilfe sehr lange auf sich
warten:
«Warum lässt du gewisse Dinge zu,
warum erhörst du unsere Gebete nicht?»
Ich predige dich als Lebendigen, Liebenden,
aber manchmal kommen mir Zweifel.

Um Nähe bitten
«Ich lasse dich nicht, du segnest uns denn!»
«Jesus, nimm uns an der Hand und führe uns ins
gute Land!»

«Gott, schenke Gesundheit, Heilung, Wohlergehen!»
«... und vergib uns unsere Schuld,
wie auch wir vergeben unsern Schuldigern.»
«Gott, leite mich in meinem Tun, und vollbringe du
selber deinen Teil!»

Nähe verhandeln?
Ich versuche, mit dir um deine Nähe und Hilfe zu
verhandeln:
«Wenn du dies und das tust, dann diene ich dir ganz!»
Doch dann realisiere ich: Deine Nähe und Hilfe
kann ich nicht erzwingen,
du bist auch nicht primär ein Macht-Gott,
du bist vielmehr ein Beziehungs-Gott,
und deine Nähe ist immer unverdientes Geschenk.

Nachhaltige Nähe
Ich glaube weiter an dich als Helfer in der Not,
und wirklich, es passieren immer wieder wunderbare
Wandlungen,
du lebst wirklich, du schaffst immer wieder kleine
Wunder.
Deine Hilfe lässt zwar oft lange auf sich warten,
dafür ist sie umso nachhaltiger, andauernder.

Fast nur noch nah
Du hältst dein Versprechen, uns zu tragen, bis wir
grau werden,
du zerreisst die lebensfeindliche Bande, die sich oft
über Generationen fortpflanzen,

selbst in Dunkelheit und Ferne bist du unser Licht
und unsere Nähe:
«Ich lieb dich Herr, keiner ist wie du,
anbetend neigt sich mein Herz dir zu.»

Amen

R. M.

Du bist gegenwärtig

Seid fröhlich im Herrn allezeit und ehrt seinen Namen in alle Ewigkeit, Amen! Allmächtiger Herrscher über das Universum, aller Welt bist du gegenwärtig zu allen Zeiten!

In meinem langen Leben hast du mich aus allen Tiefen wiederum in eine geordnete Bahn geholt, auch wenn ich in dunklen Zeiten nahe daran war, den Glauben an das göttliche Licht zu verlieren. Viele vermeintliche Zufälle haben sich im Nachhinein als von deiner Hand geleitete Vorsehung erwiesen. Auch wo ich glaubte, durch die Hölle gegangen zu sein, war dies eine Fügung der Läuterung meines Seins, die sich später und besonders im Alter so segensreich auswirkte. Bei meinem letztjährigen Sturz vom Baum mit schwersten Verletzungen hast du mir eine ganze Schwadron Schutzengel geschickt und eine sehr geschickte Neurochirurgin, sodass ich vor dem Rollstuhl bewahrt blieb und innert kürzester Zeit geheilt worden bin. Dafür nimm meinen grossen verbindlichen Dank!

Wenn in aller Welt so viel Unrecht geschieht und schuldlose Menschen ins Unglück gestürzt werden, geht bei vielen Menschen der Glaube an Gott verloren. Hilf uns zu sehen, wie die Natur, das Universum und der Mikrokosmos, nicht zu vergessen der eigene Körper, weise geordnet ist.

Materie bleibt Materie, wenn nicht eine höhere Macht dahintersteht und sagt: Es werde!
Allmächtiger Herrscher über das Universum, aller Welt sei du gegenwärtig zu allen Zeiten!

Ich stehe immer wieder fassungslos davor, dass im Namen einer Religion zum Töten aufgefordert wird. Gott, bewahre uns davor, dass wir uns in Fundamentalismen verrennen.

Amen

Hans Vogt, 1928, alt Landwirt, Lokalhistoriker, Hottwil

Könnte

Könnte ich staunen und mich freuen
an allem
was mir heute begegnet

Könnte ich denken und tun
nur heute
nach deinem Willen

Könnte ich dich spüren
an meiner Seite
des Tags und des Nachts

Mit dir, Gott,
kann ich es

Amen

Heinz Schmid, 1955, Theaterpädagoge und Laienprediger,
Rombach

Geborgen

Herr, dir sei Lob und Dank
Durch dich nur kann ich leben
Du gibst der Freude viel
Zu dir hin will ich streben

Ich bin ein kleiner Mensch
Der Alltag drückt oft schwer
Barmherzig schenkst du Licht
Von dir kommt Hilfe her

So komme ich zu dir
Du trägst mich durch die Zeit
Du hast mich schon befreit
Jetzt und in Ewigkeit

Amen

Jean-Pierre Toscano, 1952, pensionierter Lehrer, Rheinfelden

Ein Unservater aus dem Jahr 2015

Unser Vater – unsere Mutter – unser Bruder.
Du bist überall.
Alles Leben ist heilig.
Dein tiefster Wille ist unsere Freiheit
hier und in anderen Welten.
Gib uns Liebe zur Erde, denn sie ernährt uns.
Nimm uns alle Angst vor dir,
denn zum Wachsen gehören Fehler dazu
und wahre Liebe lässt Abgründe stehen.
Wenn uns das Leben prüft,
gib uns Kraft durchzuhalten
und daran zu wachsen.
Denn du bist in uns und wir sind in dir
in Kraft und Herrlichkeit in Ewigkeit.

Amen

Markus Dutly, 1959, Lehrer und Hausmann, Wallbach

Du bist bei uns

Lieber Gott
du bist bei uns, egal wie wir aussehen.
Es kommt nicht drauf an, ob gross, klein,
dick oder dünn, gescheit oder dumm.
Du bist bei jedem.
Du bist Tag und Nacht bei uns.
Wir danken dir.

Amen

Mattia, 2005, Schüler, Gränichen

Du bist das A und das Ω, der da war, der da ist und der da kommt

Herr, ich danke dir für deine Schöpfung, in der du als Vater allen Wesen ihren Platz gegeben hast. In deiner Schöpfung ist Ordnung. In deiner Schöpfung herrscht Frieden. In deiner Schöpfung liegt Gerechtigkeit. Du hast uns Menschen nach deinem Bild geschaffen und als Verwalter deiner Schöpfung eingesetzt. Vergib uns, dass wir dieser Rolle kaum gerecht werden, dass wir deine Ordnung täglich stören und deinen Frieden immer wieder brechen.

Herr, ich lobe dich dafür, dass du uns trotz unserer Fehler in deinem Sohn Jesus Christus angenommen hast. Du hast dich erniedrigt, bist in unsere Welt gekommen, hast selber gelitten und den Tod auf dich genommen. Lob sei dir dafür, dass du uns mit diesem Werk erhöht hast. Jesus Christus ist am dritten Tag auferstanden, um uns zu zeigen, dass die Trennung zwischen dir, Herr, und uns besiegt ist, dass Tod und Sünde vergangen sind und dass der Weg zu dir offen ist.

Herr, ich bitte dich um deinen Heiligen Geist, der uns immer wieder die Augen öffnet für dein Wirken, der uns immer wieder die Ohren öffnet für dein Wort, damit wir nach deinen Geboten leben können. Vereine uns zerstreute Menschen im Geist zu einem Volk, zu einer Gemeinde, zu deinem Leib, der dich auf Erden bezeugt. Lass uns eine Gemeinschaft werden, die dir danken, dich loben und dich bitten kann.

Amen

Raffael Sommerhalder, 1991, Theologiestudent, Umiken

Dein Weg mit mir? –
fragen

Felix Hoffmann: Abendmahl aus dem Passionsfenster im Chor der reformierten Kirche Suhr, 1956. Foto: Hans Fischer

Dein Weg mit mir? – Dein Weg mit mir!

Herrgott?
Herrgott! Warum?
Warum ist dieser Verkehrsunfall passiert?
Warum ich?
Ich kann es nicht glauben – warum?
Ich liege nun gelähmt im Spital.
Meine Frau und unsere drei Kinder müssen jetzt
alleine zurechtkommen,
ohne Mann, ohne Vater.

Gott?
Gott! Wer?
Wer ist in mich hineingefahren?
Wer ist sie?
Ich kann es nicht fassen – wer?
Diese Person hat mein Leben zerstört.
Ich fühle mich als Krüppel,
ohne Hand, ohne Arm.

Jesus?
Jesus! Jetzt?
Kann ich dieser Person jetzt vergeben?
Jetzt schon?
Ich kann es mir nicht vorstellen – jetzt?
Du hast mir genau deswegen meine Schuld
vergeben. Damit ich ihr jetzt auch
meine andere Hand reichen kann,
ohne Wut, ohne Groll.

Vater?
Vater! Danke!
Danke, hast du mich nicht sterben lassen.
Danke, Vater!
Ich danke dir, dass ich leben darf – danke!
Du hast noch etwas vor mit mir.
Ich will für dich da sein,
auch ohne Hand, auch ohne Arm.

Halleluja?
Halleluja! Wozu?
Wozu brauchst du mich?
Wozu wohl?
Ich will mich dir öffnen und mit dir leben –
Halleluja!
Der Weg mit dir ist anders,
als ich ihn mir vorstellte.
Ich will ihn trotzdem gehen,
ohne Groll, ohne Wut, mit einem Arm,
mit einer Hand, als Vater, als Mann.

Amen

Rolf Friderich, 1961, Sozialdiakon, Othmarsingen

Vater, steh mir bei, hilf mir

Früh am Morgen rufe ich zu dir.
Früh am Morgen will ich dich hören und
deine Nähe fühlen, ich will mit dir reden.

Ich danke dir für den neuen Tag,
für die vergangene und ruhige Nacht,
ich danke dir für das Ausruhen und Mich-Erholen.

Vater, ich begreife nicht, weshalb du meinen Enkel
von der Welt genommen hast.
Ich begreife nicht, dass sein Leben nach zehn
Jahren erfüllt sein soll.
Es will mir nicht in den Kopf, dass du einen
gesunden Bub durch einen Herzstillstand zu dir
genommen hast.
Vater, wie konntest du dies seiner Familie,
seinem Bruder antun, und uns, seine Grosseltern,
damit treffen?

Was haben wir, was habe ich falsch gemacht?
Welche Schuld muss ich dir noch bekennen?
Wieso muss mein Enkel von der Welt gehen und
ich, sein Grossvater, bin immer noch da?
Wie soll ich meine Tochter und meinen Schwieger-
sohn trösten, wenn ich keine Antworten auf meine
Fragen habe?
Wie kann ich darauf zählen, dass mein Enkel bei
dir ist?

Wie kann ich dies seinen Eltern bezeugen,
wenn sie nicht nach dir fragen?

Vater, steh mir bei!
Vater, hilf mir, die Familie meiner Tochter zusam-
menzuhalten!
Vater, vergib ihnen, wenn sie nichts mehr von dir
hören wollen, wenn sie zornig sind auf dich und
die Welt.

Seinen Schulanfang, seine guten Zeugnisse,
all das kann ich nicht mehr mit ihm feiern.
Ich kann nicht mehr mit meinem Enkel in die
Ferien verreisen, kann nicht mehr mit ihm spielen,
ihm keine Geschenke mehr machen.
Es ist eine Lücke da, die ich alleine nicht füllen
kann.

Vater, hilf mir, dich in meinem Umfeld weiter
bezeugen zu können!
Vater, gib mir Kraft, dich weiter zu loben und
anzubeten.
Vater, vergib mir meine Zweifel an deiner Führung.

Wie gerne möchte ich dich weiter unbeschwert
anbeten und mit dir sprechen können.
Aber es ist schwer, es lastet schwer auf mir,
mein Enkel war mir lieb und ist nicht mehr.
Verstehst du das, grosser Gott?

Trotz des Schmerzes und der Last,
die du auf mich gelegt hast,
setze ich mein Vertrauen auf dich,
ich will weiterhin unter deinem Segen und
unter deinem Wort bleiben.
Herr, Vater im Himmel, steh mir bei!

Amen

André Rössler, 1938, pensionierter Verkaufssachbearbeiter,
gelernter Schriftsetzer, Suhr .

Zum Hinschied meiner Frau

Mein Herr und mein Gott

> Ich wollte doch die ganze Nacht im
> Nebenzimmer
> den Atemzügen meiner Frau lauschen.

Wie geschieht mir?

> Mit einem Ruck stehe ich schlaftrunken neben
> meinem Bett und realisiere, dass ich tief ge-
> schlafen habe. Es ist 4 Uhr.

Mein Gott, du hast mich wachgerüttelt,
ich fühle, dass du mich leiten willst. Ich danke dir.

> Ich tupfe meiner Frau die kalten Schweissperlen
> von Stirne und Gesicht und trockne sorgfältig
> die feuchten Arme.

Ich horche in mich hinein und ein kalter Schauer
ergreift mich. Was, wenn?

> «Soll ich dir den trockenen Mund etwas
> anfeuchten?» –
> gestern Abend sagte sie noch nein,
> jetzt sagt sie nichts.
> Ich halte ihre Hand und wache.

Herr, mein Gott, sei meiner Frau gnädig.
Du hast uns doch in unserer ganzen Ehezeit
begleitet, sei auch jetzt bei uns.

Unterdessen ist es 5 Uhr geworden, und ich
fühle, dass ich Abschied nehmen sollte.
Noch einmal fasse ich sacht die Hände
meiner Frau und

mit dem Gebet, das Jesus uns gelehrt hat,
nehme ich in langsamen Worten Abschied.

Ich verstehe nun:
Dein Reich komme und
dein Wille geschehe.

«Liebstes, du darfst nun zu Gott, unserem Herrn,
eingehen, lebe wohl.»

Spürbare Ruhe kehrt in mich ein,
und ich wache noch eine geraume Zeit.
Dann komme ich zur Überzeugung,
mir das Morgenessen zuzubereiten.

Unterdessen ist es 06.10 Uhr,
die Todesstunde.

Amen

Walter Kündig, 1931, Elektroingenieur, Othmarsingen

Lieber Vater ...

Lieber Vater, mögest du in Frieden ruhn,
an diesem stillen und friedvollen Ort!
Hier umfängt dich die Geborgenheit der Erde,
aus der alles wird und in die jedes Leben zerrinnt.
Bei denen bist du jetzt, die vor dir waren,
und die, wie du, ihre wechselhafte Zeit
durchmessen haben
in Freude und Leid, Liebe und Hass,
Zuversicht und Angst
und am Ende dennoch sanft in Hoffnung erloschen
sind.

Lieber Vater, mögest du nie mehr alleine sein,
an diesem Ort im Schatten deiner Kirche!
Hier begleitet dich der warme Klang der Glocken,
die jeder Spanne deiner Gegenwart die Würde
gaben.
Auch wenn du nicht mehr bist, was wir noch sind,
die wir deinen Weg durch die Zeiten weitergehen,
bleibt uns doch dein Rat und die Güte deiner
Fürsorge im Herzen gegenwärtig
als kostbarer Teil deiner selbst.

Lieber Vater, mögest du vollkommen finden,
was dir dein Glaube im Leben verheissen hat!
Hier lässt du ein langes, schweres Leben zurück
und deine vielen Kinder und Kindeskinder.
Dort empfängt dich Vergebung und Erleichterung

von aller Schuld und Schwere und jedem Schmerz.
Sprachlos wirst du in Gott die Wahrheit sehen,
jenseits von allem, was wir zu erkennen vermögen.

Lieber Vater, mögest du in Frieden ruhn!

Amen

Markus Widmer-Dean, 1962, Historiker, Menziken

Dein Reich komme ...

Unser Vater im Himmel.
Geheiligt werde dein Name.
Dein Reich komme.
Dein Wille geschehe, wie im Himmel, so auf Erden ...

So beginnt das Gebet, das uns Jesus Christus
gelehrt hat.
Dein Reich komme – ist das nun eine Verheissung
von dir, Gott, oder eine Bitte von uns Menschen
an dich?
Wie habe ich mir dieses Reich vorzustellen?
Als ein Zusammenleben der Menschen,
in dem Liebe, Gerechtigkeit und Frieden nicht nur
verkündet, sondern gelebt werden?
Oder ist das eine zu paradiesische Vorstellung von
diesem Reich und für uns Menschen auf dieser Welt
letztlich unerreichbar?
Wird da auf etwas hingewiesen, das erst nach
unserem Tod in Erfüllung gehen wird?
Dein Wille geschehe – ist es dein Wille,
dass das verheissene Reich nicht in dieser Welt
stattfinden wird?
Oder sind meine Bemühungen zu zaghaft?
Gebe ich mich zu rasch mit der Erklärung zufrieden,
dass ich als Einzelner in dieser komplexen und
machtorientierten Welt sowieso nichts ausrichten
kann?

Sollte ich mir vermehrt die Frage stellen,
was denn mein Beitrag sein könnte,
dass dieses Reich im Hier und Jetzt seinen Anfang
nehmen kann?
Grenzt das nicht an Allmachtsfantasien –
ich als Mit-Schöpfer dieses verheissenen Reiches?
Wie kann ich mich als Teil dieses Reiches sehen,
der einen Beitrag leisten will, ohne Allmachtsfantasien?
Und wie kann ich immer wieder Hoffnung finden,
um nicht zu resignieren?

Unser Vater – gib mir die Geduld,
trotz Unsicherheit und Zweifel die Beziehung
zu dir immer wieder neu zu gestalten.
Und gib mir die Weisheit,
deine Antworten auf meine Fragen zu erkennen.
Ich danke dir dafür.

Amen

Felix Maurer, 1942, Mitglied der Kirchenpflege Kelleramt,
Oberlunkhofen

Gebet nach einem ausgefüllten Tag

Seit einiger Zeit frage ich mich:
Warum habe ich so viel Glück?
Habe ich einfach nur Glück im Leben oder ist es
der Fleiss?

Viele Menschen sagen, ich sei ein Sonntagskind.
Dabei bin ich an einem Samstag geboren.

Meine Familie gab mir Halt und tut das auch heute
noch.
Ist das selbstverständlich oder einfach nur «Glück»?

Glück, eine so grossartige Frau gefunden zu haben?
Glück, eine Tochter zu haben, die mir nur Freude
bereitet?
Glück im Beruf?

Dreifaches Glück?

In meinem Umfeld sehe ich, dass es nicht nur der
Fleiss sein kann –
es muss auch Glück dabei sein.

Wirklich nur Glück?
Oder mehr?
Jemand, der mein Glück unterstützt?
Eine höhere Macht?

Je mehr Glück ich habe,
umso stärker werde ich mir bewusst:
Da ist jemand, der bei mir ist – das ist mein Glück.

Amen

D. W.

Hingerissen zu dir

Mein Herr und mein Gott!

Mein Herz verzehrt sich vor Liebe nach dir,
auch wenn ich dich oft nicht verstehe ...

Ich staune darüber,
dass ich dir offenbar so viel wert bin,
dass du unbedingt einen Weg finden musstest,
um mir dein liebevolles Herz zu offenbaren,
mich wieder zurückbringend, zurück zu dir.

Dass ich dir so viel wert bin? Ich verstehe es nicht ...
Ich weiss, dass mein Herz oft voller Bosheit ist.
Ich weiss, dass mein Herz oft voller Zweifel ist.
Ich weiss, dass mein Herz oft ängstlich und feige ist.

Wieso also, Ewiger, bin ich dir so viel wert?
Wieso also, Unbestechlicher, interessierst du dich
überhaupt noch für mich?
Wieso also, Unbegreiflicher, verzehrt sich dein Herz
so nach mir, dass du deinen eigenen Sohn in den
Tod gabst, damit ich zu deinem Kind werden darf?
Verdient habe ich das nicht. Das weiss ich.
Das weiss ich sogar ganz genau!

Wieso, Barmherziger, wieso sehnst du dich nach
mir?

Du bist barmherzig.
Ich bin es oft nicht.
Du bist voller Liebe.
Ich bin es oft nicht.
Ich bin endlich.
Du bist das nicht.

Irgendwie passen wir nicht zusammen!
Und irgendwie auch wieder gut ...

Du musst völlig von Sinnen sein, Ewiger! Und nun bin ich es auch! Denn ich bin hingerissen zu dir, der du mich schon immer geliebt hast. Auch dann, als ich noch gar nichts wissen wollte von dir.

Manchmal macht diese Liebe mir Angst. Angst, weil ich so viel Liebe fast nicht ertragen kann! Ich spüre sie in meinem Nacken und ich weiss, dass ich ihr niemals gerecht werde, ganz egal, wie sehr ich mich darum bemühe.

Oft aber macht diese Liebe mich froh. Froh, weil ich weiss, dass sie bedingungslos ist und ich mich nicht vom fordernden, einengenden Geschwätz der Menschen beeindrucken lassen muss. Ganz im Gegenteil: Deine Liebe spricht mich frei!

Ich verstehe es überhaupt nicht, und doch weiss ich in meinem Herzen: Ich bin völlig ergriffen worden von dir! Wenn die Menschen mich kopfschüttelnd

anschauen, dann kann ich nur stammeln:
«Hier stehe ich und kann nicht anders!»

Vertrauensvoll gebe ich dir meine Hand, Ewiger,
und lasse mich von dir ins Hoffnungsland führen,
das du uns dereinst bereiten wirst.

Ich liebe dich, Barmherziger!
Ich danke dir, Unbestechlicher!
Ich lobe dich unendlich, Ewiger!

Amen

Laurence Pfund, 1973, Student am Theologisch-Diakonischen
Seminar TDS, Aarau

An Wegkreuzungen

Barmherziger Gott, du hast mich in eine Welt gestellt, in der ich immer wieder vor einer Wahl stehe. Ich komme an Wegkreuzungen und muss mich entscheiden. Die Wege entschwinden in einem dichten Wald von Ungewissheit. Trotz allem bin ich herausgefordert voranzugehen. Doch bin ich meinen Aufgaben gewachsen? Als Vater? Als Ehemann? Als Sozialdiakon? Als dein Nachfolger? Als einer, der das alles unter einen Hut bringen soll?

In dem begegnest du mir als Jesus Christus. Als der Mensch, der Angst, Einsamkeit und Gottverlassenheit kennt. Als einer, der mitfühlen kann. Als Gottes Sohn, der meine Schwachheit trägt, der meine Schuld vergibt, der mich annimmt. Im Gelingen und im Scheitern.

Du, Herr, kennst mich durch und durch. Du bist mit mir, egal, welchen Weg ich wähle. Durch deinen Heiligen Geist leitest du mich und bist mir nah. Was auch immer kommt: Ich bin reich beschenkt. Weil ich dich habe. Weil du ein barmherziger Gott bist.

Amen

Simon Wälchli, 1984, Sozialdiakon, Gebenstorf

Rüttle mich wach –
                 bitten

Felix Hoffmann: Die Stillung des Seesturms aus dem grossen Christusfenster
im Chor der reformierten Stadtkirche Aarau, 1943. Foto: Hans Fischer

Lass mich immer wieder Licht sehen

Lieber Gott

Hilf mir, dass ich den Ängsten vor dem,
was geschieht und geschehen wird,
nicht ausgeliefert bin.
Hilf vor allem, dass gute und positive Gedanken
geboren werden.

Gib mir Mut,
von meinen Ängsten,
meiner Trauer,
meiner Hilflosigkeit zu reden
und mich verletzlich zu zeigen.

Gib mir Kraft auszusprechen,
was mir auf der Seele liegt,
was mich im Innern bewegt,
welche Gedanken und Gefühle ich hege.

Unterstütze mich und gib mir Kraft,
wenn ich in den Sackgassen des Lebens
nicht mehr weiter weiss.
Lasse mich immer wieder Licht am Ende
des Tunnels sehen
und positiv in eine ungewisse Zukunft schauen.

Rüttle mich wach,
wenn ich im Hamsterrad der Arbeit
oder im Trott des Alltags gefangen bin.

Zeige mir auf, wie ich meinen Kindern,
jetzt, da sie älter werden,
Vorbild und Unterstützung sein kann.
Hilf mir, sie loszulassen,
wenn es Zeit dafür ist.

Lehre mich, demütig zu sein
vor deiner wunderbaren und grossartigen Schöpfung,
die es zu bewahren gilt.

Ich bin dir dankbar für jeden neuen Tag,
den ich mit dir angehen und erleben darf.

Begleite uns Menschen auf dieser Welt
und halte deine schützende Hand über uns.

Amen

M. T.

Gebet eines Grossvaters

Guter Gott, danke für den Moment vor 38 Jahren, als wir ein Kind geschenkt bekamen – einen Sohn, der Freude macht und Freude am Leben hat.

Danke für die schöne Zeit, die wir nun ganz in der Nähe seiner jungen Familie verbringen dürfen.

Danke für unsere Schwiegertochter und die drei Enkelkinder: das kleine Mädchen und die Buschi-Zwillinge.

Danke für den Reichtum des Grosselternseins: ein kleines Händchen, das unsere Hand sucht; ein Lächeln, das spontan daherkommt; die gegenseitige Vertrautheit und das Vertrauen spüren zu können; die Entwicklung vom Persönchen zur Persönlichkeit mitverfolgen; das Glücksgefühl, wenn ein Kind in unseren Armen einschläft; die Sprachentwicklung miterleben; ein besserer Mensch sein, wenn die kleinen Geschöpfchen um uns herum sind; noch einmal so gut wie verliebt sein ...

Seitdem ich Grossvater bin, wird mir vermehrt vor Augen geführt, wie es im Paradies aussehen könnte – dafür bin ich dankbar.

Gott, ich bitte dich, schaue uns Erwachsenen über die Schulter, wenn wir Kinder um uns haben.

Gib uns das Geschick, gut mit ihnen zu sein – nämlich so, dass alles immer in Liebe geschieht.

Bestärke die Kinder in ihrer Neugierde und lass sie diese nie verlieren.

Hilf uns zu verhindern, dass sie sich mit elektronischen Geräten von der Umwelt abschotten. Lass sie ihre eigenen, lebendigen Antennen stets auf Empfang gestellt haben.

Hilf den jungen Menschen, angesichts der vielen Dinge, die heute machbar sind, zu entscheiden, was davon auch sinnvoll ist.

Gib unseren Nachkommen die Fähigkeit zu selbständigem Nachdenken – zum Beispiel über den Sinn des Lebens – und den Mut, auch einmal gegen den Strom zu schwimmen.

Umgib sie mit guten Menschen.

Sei du der Wächter über die Seelen unserer Enkel und auch ihr Gesundmacher.

Gib mir noch etwas Zeit, um den Enkelkindern beim Aufwachsen zusehen zu dürfen.

Gott, ich weiss, dass du für die Menschen da bist – auch für uns. Danke.

Amen

Dieter Roth, 1949, pensionierter Agronomie-Ingenieur, Wallbach

Lass uns leben für Frieden und Gerechtigkeit

Lieber Gott, Vater im Himmel, Jesus Christus, Gottes Sohn, vielen Dank, dass wir, Gottes Kinder, im Heiligen Geist verbunden sein dürfen.

Ich danke für deine Güte, Barmherzigkeit und Gnade, die du mich täglich fühlen lässt.

Vielen Dank für den guten und schönen gestrigen Tag und für die vergangene gute Nacht. Ich bitte dich, sei auch heute wieder mit mir, meiner lieben Familie und unserer Kirchgemeinde.

Schenke mir Hoffnung und gib mir die Kraft zum Glauben, dass Jesus Christus uns leitet und führt. Gib mir die richtigen Ideen, mein Leben so zu gestalten, wie du das möchtest.

Gott, wir bitten dich, verschone uns mit Feigheit, Gier und Neid. Schenke uns deine Liebe, Liebe und Verständnis auch für unsere Mitmenschen. Lass uns leben für Frieden und Gerechtigkeit und für die Bewahrung deiner Schöpfung.

Für mein Amt als Präsident der Kirchenpflege bitte ich dich um Geduld und Gelassenheit, dass ich wachsen lassen kann, ohne zu meinen, etwas tun zu müssen, dass ich anderen ihr Tempo lasse, dass ich auch Umwege zulassen kann. Ich bitte dich darum, dass sich Konflikte vermeiden lassen oder sich von alleine wieder legen, dass ich nicht alles selbst ordnen will oder meine, ordnen zu müssen. Lass mich deine Liebe in mir aufnehmen und hilf mir, meine Begrenztheit demütig anzunehmen. Dies bitte ich nicht nur für mich, sondern auch für alle meine ehrenamtlich oder freiwillig tätigen Kolleginnen und Kollegen.

Schenke unseren Politikern, besonders unserer Pascale, sowie unseren im kirchlichen Dienst stehenden Amtsträgern Weisheit, die richtigen Gedanken und Worte. Vor allem lass sie Entscheide treffen, die für die gesamte Bevölkerung gerecht und für den Frieden nachhaltig sind. Begleite du alle Menschen auf dieser Welt, die glauben, dass Jesus Christus wieder zu uns kommen wird.
Herr, unser Gott, segne und behüte uns alle.

Amen

Paul Bruderer, 1941, Präsident der reformierten Kirchgemeinde Baden, Baden

Du bist bei mir auf meiner Reise durchs Leben

Herr, ich danke dir, dass ich mit dir reden darf wie zu meinem Vater. Du hörst mir gut zu, obwohl du meine Sorgen und Ängste bereits kennst, noch bevor ich sie ausgesprochen habe.

Du bist der Hirte und ich fühle mich geborgen in deiner Herde. Denn du kümmerst dich gut um mich, so dass mir nichts fehlt.

Du suchst mich, wenn ich vom Weg abkomme. Du stehst mir bei, wenn mir etwas zugestossen ist.

Zwar bekomme ich nicht immer das, was ich gerade gerne hätte. Aber ich darf darauf vertrauen, dass du mich sicher führst.

Ich bitte dich um Bewahrung auf meiner Reise durch Südamerika. Ich habe Respekt vor dem, was mich erwartet: am Meer, in der Wüste, in den Anden, im Urwald und in der Begegnung mit den Menschen – vor allem wegen meiner noch dürftigen Spanischkenntnisse.

Dennoch sagst du mir, dass ich Trost finde bei dir und keine Angst haben muss. Schliesslich bist du bei mir in allem, was ich tue.

Du bist bei mir auf meiner Reise durchs Leben. Du bist bei mir, wenn mich alle anderen verlassen, und trägst mich, wenn ich zu müde bin um zu laufen.

Danke für deine unendliche und unbegreiflich grosse Liebe, die du mir schenkst. Danke, dass ich immer auf dich vertrauen darf. Du lässt mich nicht im Stich und verlässt mich nicht.

Amen

Adrian Bachmann, 1990, Lebensmitteltechnologe, Strengelbach

Offenheit

Guter Gott

Lass uns Menschen die Augen öffnen,
damit wir die Schönheiten der Natur erblicken.
Lass uns Menschen die Ohren öffnen,
damit wir die Worte dieser Welt hören.
Lass uns Menschen den Mund öffnen,
damit wir miteinander reden können.
Lass uns Menschen die Nase öffnen,
damit wir den Duft der Erde riechen.
Lass uns Menschen deine Nähe spüren,
damit wir immer bei dir sind,
in guten und schlechten Zeiten,
am Tag und in der Nacht,
in der Nähe und überall auf dieser Welt.

Amen

Thomas Bächli, 1985, Sigrist der reformierten Kirchgemeinde
Wettingen-Neuenhof

Krieg

Lieber Gott,
bitte mach, dass der Krieg aufhört und all die vielen
Menschen keinen Hunger mehr haben müssen.
Ich danke dir auch, dass es mir und meiner Familie
so gut geht und dass wir ein Dach über dem Kopf
haben.
Vielen Dank.

Amen

Basil Rey, 2004, Schüler, Gränichen

Menschen auf der Flucht

Vater unser im Himmel, allmächtiger Gott, erbarme dich über all die Menschen, die irgendwo auf der Flucht sind. Lass sie deine Liebe in allem Elend erfahren.

Und hilf mir, ihnen zu geben, was du ihnen geben würdest, ihnen zu begegnen, wie du ihnen begegnen würdest.

Lass mich erkennen und hilf mir, ihre Not mit meinen begrenzten Möglichkeiten zu lindern.

Danke, dass du mir immer wieder so wunderbar begegnest mit deinem Frieden und deinem Wirken – lass sie ebenfalls deinen Frieden erfahren.

Du bist ein lebendiger Gott, und ich preise dich für deine erfahrbare Gegenwart in meinem Alltag. Danke, dass ich dein Kind sein darf. Halleluja.

Amen

Hans Rosenberg, 1955, Betreuer von Asylsuchenden im Bundeszentrum Bremgarten, Untersiggenthal

Bitte um Frieden

Lieber Gott,
ich danke dir für Mami und Papi, dass ich noch am Samstag zu ihnen nach Buchs fahren konnte, als wir zusammen einkauften und einkehrten. Ich danke dir auch, dass meine Mami so viele Fotos in ein Album eingeklebt hat und dass ich in so vielen Sommer- und Winterlagern dabei sein durfte. Danke, dass es mir gut geht und ich einen Fernseher und eine Stereo-anlage haben darf. Und ich bitte dich, lieber Gott, dass alle Menschen auf der Erde friedlich mitein-ander sind. Und ich bitte dich auch, dass ich nicht krank werde und immer gut aufstehen und arbeiten kann.

Amen

Martin Lüber, 1955, Stiftung Schürmatt, Zetzwil

Gebet eines Pfarrerinnenmannes

Lieber Gott

Ich danke dir für mein Leben und das unserer Familie.

Ich danke dir für die vielen wertvollen Menschen, die wir hier in unserer neuen Heimat kennenlernen durften und die unser Leben immer wieder bereichern.

Ich danke dir für unser Haus, das viel Platz und Umschwung hat, in dem wir uns als Familie wohlfühlen und wir zwischendurch auch Gäste empfangen können.

Ich danke dir für den Beruf meiner Frau, den sie gerne ausübt und der vielseitig ist, aber manchmal auch herausfordernd und stressig.

Ich bitte dich, dass du meiner Frau immer wieder Kraft und Weisheit gibst, um auf die verschiedensten Menschen, denen sie begegnet, einzugehen und sie zu unterstützen.

Ich bitte dich, dass du meine Frau immer wieder für Predigten inspirierst und ihr gute Gedanken und Ideen schenkst.

Ich bitte dich, dass meine Frau auch immer wieder gut abschalten und sich genug Zeit für die Familie nehmen kann.

Ich bitte dich, dass du mich in meiner Rolle als Pfarrerinnen- und Familienmann stärkst und dass ich für meine Frau, meine Kinder und die Gemeinde ein Segen sein darf.

Amen

Daniel Gugger, 1976, Lehrer und Hausmann, Suhr

Christus, ich rufe dich

Christus, ich rufe dich
Christus, mein Beschirmer
Christus, mein Beschützer
Christus, mein Erlöser

Ich bitte dich für diesen Tag,
für den guten Verlauf des bevorstehenden
Arztbesuches.
Christus, ich bitte dich, führe uns auf dem richtigen
Weg, lass mich spüren, dass du bei mir bist.

Ich danke dir für deinen treuen Beistand.

Amen

Wichtig ist mir, zuerst einmal richtig zur Ruhe zu kommen, dann
erst beginne ich zu beten. Der Anfang mit der Christusanrede
ist immer gleich, die Anliegen im zweiten Teil sind unterschied-
licher Art.

Hans Grob, 1927, pensionierter Müller, Schöftland

Mit Selbstvertrauen den Verstand und die Hände für Gutes brauchen

Man sagt «Not lehrt beten» oder «Da hilft nur noch beten». Warum beten wir oft erst in Notlagen, in Momenten, da wir uns schwach fühlen und Hilfe notwendig ist?

Ich bitte um Dankbarkeit dafür, dass es uns hier, wo wir zufällig leben, so gut geht.

Ich bete angesichts unseres schier grenzenlosen Wohlstands und Überflusses für mehr Genügsamkeit und Bescheidenheit.

Ich bete darum, dass wir Augenmass behalten: Statt endlos über den Steuerabzug von Kinderzulagen zu streiten, besser an die Abermillionen von Kindern zu denken, die in grenzenloses Elend hineingeboren werden und erbärmlich leiden müssen.

Ich bete um die Erkenntnis, dass Glaube allein nicht genügt, dass wir mit Selbstvertrauen und Besonnenheit unseren Verstand und unsere Hände für Gutes gebrauchen sollen.

Ich bete um die Einsicht, dass jeder Mensch für sich allein wenig erreicht, dass wir alle und überall voneinander abhängig sind. Dabei denke ich an einen Spruch von Martin Luther:

«Ein Christenmensch ist ein freier Herr aller Dinge und niemand untertan. Ein Christenmensch ist ein dienstbarer Knecht aller Dinge und jedermann untertan.»

Ich bete darum, dass ich neugierig und für Neues offen bleibe und nicht vergesse:
Die Erde kann unermesslich schön sein, doch sicher ist sie nicht.

Amen

Thomas Kilchherr, 1937, pensionierter Architekt, Magden

Böse Träume

Lieber Gott,
bitte schütze mich,
Tag und Nacht,
bitte gib auf alle acht,
schau, dass ich nicht falle von Bäumen
und erlöse mich von bösen Träumen.
Danke.

Amen

Silvan, 2004, Schüler, Gränichen

Bitte um Fairness und Gleichstellung

Ich bete für die Gesundheit meiner Familie und
aller Menschen, die krank sind auf der Erde.
Ich bete für Fairness und Gleichstellung unter uns
Menschen.
Ich bete für alle Menschen, die nicht haben,
wovon wir im Übermass leben.
Ich bete für die Kleinen und die Grossen,
für Menschen aller Farben und dass wir uns vereinen.
Ich bitte darum, dass Vernunft und Wissen genutzt
werden.
Ich bitte um die Kraft, damit ich jeden Tag
aufstehen, weitergehen und kämpfen kann.
Ich bitte um eine Liebe, die stärker als alles andere
sein sollte.

Amen

B. A., in der Sicherheit des Bundesasylzentrums Bremgarten
tätig

Als erlöster Mensch den Erlöser bekannt machen

Danke, Herr, für meine Frau, die nun schwer krank ist, meine sehr begabten und gesunden Kinder, Schwiegertochter, Schwiegersohn und Grosskind. Verleih mir und deiner Gemeinde, dass wir jeglicher Eitelkeit und Überheblichkeit absagen, einander gegenüber und denen gegenüber, die noch nicht an dich glauben.

Bewahre mich vor der Gefahr, unüberlegt von dir zu reden.

Gib mir den Mut, anderen zur rechten Zeit von meinem Glauben an dich Zeugnis zu geben.

Gib mir Geduld, die Nächsten verstehen zu wollen und ihnen zu helfen, wenn ich selbst dazu in der Lage bin.

Hilf, dem Egoismus, der Eitelkeit und der Herrschsucht dieser Welt keine Hand zu bieten und dafür das Dienen, Teilen und dir Gehorchen in den Vordergrund zu stellen.

Lass mich mit dem zufrieden sein, was da ist, und die sinnlichen Freuden wie Musik, Singen, Zeichnen und Malen für dich, die Nächsten und mich selbst einsetzen.

Lass mich mit Freude selbst gedichtete Text für dich aufschreiben und vertonen.

Lass mich im ganzen Leben dein Wort höher stellen als die leiblichen Bedürfnisse.

Ich bitte dich, gib Kranken, Armen, wie ich es zum Teil auch bin, und anderen Benachteiligten gute Menschen zur Seite und stelle das nötige Materielle zur Verfügung.

Lass deine Freundlichkeit und Liebe an jedermann in Wahrheit und ohne Heuchelei auch durch mich geschehen.

Bewirke, dass Menschen in der Staats- und Wirtschaftspolitik sich neu an dir und ehrlichem Bestreben ausrichten.

Lass uns das Böse mit Gutem überwinden und schenke uns deinen Frieden.

Amen

Franz Muralt, 1948, pensionierter Baumschul- und Landschaftsgärtner, kaufmännischer Angestellter, langjähriger Oratorien- und Chorsänger, Safenwil

Ich danke dir von ganzem Herzen für mein Leben

Unser Vater, der du bist im Himmel,
ich danke dir, dass du mich in meinem Leben
geführt hast.
Ich weiss heute, dass du für mich einen Lebensweg
vorgegeben hast.
Ich danke dir,
dass ich heute auf 85 glückliche Jahre zurück-
blicken darf.
Bitte, Vater, verzeih mir, dass ich dir nicht immer
nachgefolgt bin.
Mit deiner unendlichen Liebe zu uns Menschen
hast du mich immer wieder an der Hand
genommen.
Hast mir eine Frau zur Seite gegeben,
die den gleichen Weg ging wie ich.
Du, Vater, hast mir bis in hohe Alter
eine wunderschöne Stimme geschenkt.
Du hast mir die Möglichkeit geschenkt,
Leute in die geliebten Berge zu führen.

Herr, ich danke dir von ganzem Herzen für mein
Leben.
Nimm mich, wenn es für dich Zeit ist, zu dir.
Treuer, himmlischer Vater, gib uns Frieden,
gib der Welt Frieden.
Gib unseren Behörden die Einsicht,
dass sie sich nach dir richten.

Herr, ich danke dir, dass ich jeden neuen Tag in
deine Hände legen darf.
Lieber Vater, schenke mir die Möglichkeit,
dir Diener zu sein.
Herr, du grosser Gott,
ich danke dir, dass ich dein Kind sein darf.

Amen

Christian Müller, 1930, ehemaliger Leiter einer
Landwirtschaftlichen Schule, Wittwil

Ein zweites Leben –
danken

Felix Hoffmann: Mahl zu Emmaus aus einem der Fenster im Schiff der reformierten Kirche auf dem Kirchberg, 1949. Foto: Hans Fischer

Ein zweites Leben

Gütiger Gott,
ich danke dir, dass du mir jeden Tag Kraft und Lebensfreude schenkst.

Mein Glaube an deine Liebe für uns Menschen hat mir in den schweren Zeiten meines Lebens immer wieder neue Zuversicht und Vertrauen in die Zukunft geschenkt.

Du hast vor elf Jahren meine Frau nach schwerer Krankheit und unsäglichen Schmerzen von ihrem Leiden erlöst und zu dir genommen.

Nach einer Zeit der Wut und Trauer über den Verlust meines liebsten Menschen habe ich durch dich Kraft und neuen Lebensmut erhalten.

In der Zeit meiner schweren Krankheit habe ich an dich geglaubt und auf deine Hilfe gehofft. So hast du mich schliesslich vor dem Tod gerettet und mir ein zweites Leben geschenkt, indem ich ein Spenderherz bekam.

Dafür danke ich dir!

Deine Liebe für uns Menschen hat mir zu einem Neuanfang verholfen, zu einem zweiten Leben voll Freude, Zuversicht und Dankbarkeit.

Darum glaube und vertraue ich auf dich.

Amen

Ernst Widmer, 1948, pensionierter Primarlehrer,
Spenderherz-Empfänger, Vater von drei Kindern,
Grossvater von vier Enkelinnen, Unterkulm

Die Stärke, die du uns schenkst

Gott, gib mir Kraft und Mut für jeden Tag. Wir brauchen deine Güte und Gnade, Herr Jesus Christus, für alle Menschen. Du führst und leitest uns. In Höhen und Tiefen vertrauen wir auf dich und den Vater. Danke für die Kraft aus dem Gebet, sie stärkt uns immer wieder. Deine Stärke, die du uns jeden Tag schenkst, wollen wir nicht vergessen. Wir dürfen bitten und danken, wir loben und preisen dich für jede Minute, alle Tage.

Ich danke, dass du mich von der Alkoholsucht befreit hast und bis ins hohe Alter bewahrst. Danke, dass ich jeden Tag zur Bibel greifen, darin lesen und im Glauben gestärkt werden darf.

Amen

Ernst Heinimann, 1926, pensioniert, dreissig Jahre auf Baustellen und etliche Jahre in anderen Arbeitsbereichen tätig, Schöftland

Mit deinem Segen rechnen dürfen

Himmlischer Vater, ich danke dir, dass du schon mehr als vierzig Jahre für mich und meine Familie sorgst. Danke für die Gesundheit, die du mir, meiner Frau, unseren Kindern und Enkelkindern bis auf den heutigen Tag geschenkt hast.

Ganz speziell möchte ich dir danken für die Zwillinge, die sieben Wochen zu früh geboren sind. Ich staune, wie sie gedeihen und den Eltern und Grosseltern viel Freude bereiten.

Ich danke dir, dass wir als Familie weiter mit deinem Segen rechnen dürfen.

Amen

E. S.

Mein Gebet ist ein Wort

Danke!

Ich bete zu Gott, zu meiner Vorstellung von ihm. Meine Fragen, meine Bitten, meine Vorwürfe, meine Geschichten kennt er, meine ich.

Wofür ich danke? Für mein Leben, das ich mag; für mein Leben mit seinen Menschen, den einsamen und belebten Orten, den Büchern, der Musik, den Gesprächen, den Auseinandersetzungen und den stillen Augenblicken. Banal, alltäglich und privilegiert. Dafür danke ich.

In mir lebt die Zuversicht, dass eine umfassende Kraft, Gott, existiert und dass dieser Gott wohlwollend ist. Deshalb bete ich, danke ich. Glaubensstark, nein, aber mit Grundvertrauen ins Leben.

Heinz Linder, 1948, ehemaliges Mitglied der Geschäftsleitung der Stiftung Schürmatt, Aarau

Kraft für einen neuen Tag

Himmlischer Vater,
ich danke dir für den Schlaf in dieser Nacht und die Erholungsphase, die mein Körper nötig hatte.

Danke, dass ich dich im Namen deines Sohnes um Hilfe für den neuen Tag bitten darf. Ich bin angewiesen auf deine Hilfe und ich erfahre laufend dein Dasein, das mir Sicherheit gibt, auch wenn mir mein Körper immer wieder Grenzen zeigt. Du hast verheissen, dass du in den Schwachen mächtig bist. Diese Gewissheit zu haben, dass deine Kraft auch heute mein Begleiter ist, gibt mir Mut und Zuversicht.

Oft überkommen mich aber auch Zweifel und ich fürchte mich, etwas Neues anzupacken. Erinnere mich gerade dann daran, dass du mich trägst und du mir auch dein Vertrauen schenkst.

Ich lege all meine heute zu erledigenden Aufgaben in deine Hände. Schenke mir die richtigen Worte, schaffe ein positives Klima und eine sachliche Streitkultur, wenn unterschiedliche Meinungen aufeinandertreffen und lass uns Lösungen nach deinem Willen finden.

Ich danke dir, Gott, dass ich auch diesen Tag in deine Hände legen kann.

Amen

Hans-Peter Schaub, 1949, pensionierter Finanz- und Vorsorgeberater, Präsident des Stiftungsrats der Pensionskasse der Reformierten Landeskirche Aargau, Bergdietikon

Dankbar leben unter Gottes Schutz und Segen

Ich danke dir für alles, was du uns gibst und was wir erleben und geniessen dürfen. Danke, dass du allen Menschen hilfst, die in Not sind, Opfern von Dürre oder Überschwemmung, Krieg und Verfolgung. Erbarme dich über alle, die hungern oder auf der Flucht sind. Ich bitte für alle, die ein Amt innehaben, für alle, die Verantwortung tragen, dass sie in deinem Sinn und Geist entscheiden und handeln können.

Guter Gott, ich bitte dich für Glück in Haus, Feld und Stall, bewahre das gute Verhältnis unter den Generationen, lass es unsern Tieren gut gehen. Ich bitte für alles, was du, Herr Gott, auf dem Felde wachsen und reifen lässt. Danke für alles, was wir ernten dürfen. Ich bitte dich für ein gutes Jahr mit genug Sonne, Wärme und Regen.

Beschütze alle, die unterwegs sind und im Verkehr sein müssen, dass sie bewahrt bleiben und wieder gut heimkommen. Beschütze bitte diejenigen Angehörigen, die unterwegs sind. Steh denen bei, die Schmerzen oder ein Leiden haben. Besonders bitte ich für ...

Unser Vater im Himmel.
Geheiligt werde dein Name.
Dein Reich komme.
Dein Wille geschehe, wie im Himmel, so auf Erden.
Unser tägliches Brot gib uns heute.
Und vergib uns unsere Schuld,
wie auch wir vergeben unsern Schuldigern.
Und führe uns nicht in Versuchung,
sondern erlöse uns von dem Bösen.
Denn dein ist das Reich und die Kraft
und die Herrlichkeit in Ewigkeit.

Amen

Landwirt, 1928

Begleite uns, Herr

Herr,

mit deiner Hilfe habe ich in meinem Leben meine wichtigsten Ziele erreicht. Als Berufsoffizier und als Pilot und Fluglehrer wurde ich vor schweren Unfällen in meinem Verantwortungsbereich verschont.

Ich bin auch sehr glücklich, nun schon seit über zehn Jahren zusammen mit meiner lieben Claudia meine Pensionierung geniessen zu können, und dies bei erfreulich guter Gesundheit.

Ich danke dir dafür!

Nach meiner Konfirmation, nach meiner Tätigkeit als Jugendleiter im Pfarramt Riehen und dann nach meiner Heirat habe ich zur Kirche, zum Glauben und damit auch zu dir einen mehr als nur lockeren Kontakt gepflegt. Ich war überzeugt, Wichtigeres zu tun zu haben. Ich habe oft an dir und am christlichen Glauben gezweifelt und mich nicht gescheut, dies auch kundzutun. Gebetet habe ich nur noch bei kirchlichen Anlässen, an denen ich teilnehmen «musste».

Dafür kann ich heute nur um Nachsicht und Vergebung bitten.

Mit meiner neuen Funktion als Kirchenpfleger ist mein Leben wieder näher zur Kirche und zum Glauben gerückt, und ich nehme mir auch wieder Zeit, mich vertieft damit auseinander zu setzen. Und es tut mir gut. Auch den Kontakt zu unseren Pfarrpersonen zu pflegen – wie damals mit meinem Konfirmationspfarrer – tut mir gut. Ich sehe vieles wieder mit anderen Augen und Gefühlen als in den vielen Jahren dazwischen.

Wie es mit mir und meinen Liebsten weitergeht, weiss ausser dir niemand. Und das ist gut so.

Ich bitte dich, Herr, mich und Claudia auch in der uns verbleibenden Zeit zu begleiten und vor schlimmen Schicksalsschlägen zu bewahren.

Begleite auch unsere Söhne mit ihren Familien und Carmen mit Tim. Hilf ihnen, an dich zu glauben und schenke ihnen deinen Schutz. Ich danke dir.

Amen

René Christen, 1946, pensionierter Berufsoffizier, Wohlen

Danke, dass es mim Mami im Himmel obe guet goht

Liäbe Gott!
Will mis Mami gstorbe isch, hani vergässe
d' Kleider z'wächslä und z'wäsche.
Danke, dass d'Sabine und d'Heidi vo der
Integra-Wohngruppe mir das säged.
Danke, dass s'Mami im Himmel obe isch.

Amen

Robert Burgener, 1959, lebt und arbeitet in der Integra,
Stiftung für Behinderte, Wohlen

No hay camino para la paz, la paz es el camino

Für meinen geliebten Vater bin ich mit Muschel und Pilgerstab unterwegs, lieber Gott.

In Richtung Santiago de Compostela, zum Feld der Sterne.

Danke, Herr, führst du mich wie ein Stern am Himmelszelt.

Unterwegs begleitet mich ein inneres Feuer, lieber Gott.

Einmal brennt es etwas mehr und ein anderes Mal weniger intensiv.

Danke, Herr, erhalte ich immer wieder innere Nahrung für das lebendige Feuer.

Der Jakobsweg kennt Höhen und Tiefen wie das Leben selbst, lieber Gott.

Es gibt immer wieder Begegnungen mit Natur und mit Mitmenschen aus aller Herren Länder.

Danke, Herr, darf ich mit jedem Schritt mehr, stets Neuem begegnen.

Manchmal erscheint für mich die Sonne wie eine grosse leuchtende Osterkerze am Horizont und ein anderes Mal begleitet mich das Wasser, die Quelle des Lebens, lieber Gott.

Danke, Herr, darf ich immer wieder Lebensenergie aus dem Vollen schöpfen.

Zwischendurch denke ich ans Aufgeben, es sein zu lassen, lieber Gott.

Doch eine innere Stimme sagt mir: Gehe nur ruhig weiter deinen Weg.

Lass dich nicht vom Ziel abbringen.

Danke, Herr, folgst du mir immer wieder in Form von kleinen Zeichen am Wegrand.

Die Herbergen geben einem eine Bleibe zum Verweilen, zum Ruhen, lieber Gott.

Danke, Herr, bewirten liebe Menschen mit Leib und Seele uns Pilger.

Auf dem Weg bin ich immer wieder tief beeindruckt von unzähligen Kirchen, Klosteranlagen und Sehenswürdigkeiten, lieber Gott.

Danke, Herr, darf ich an diesen Orten immer wieder von Neuem Kraft schöpfen und die Einzigartigkeiten dieser Bauten auf mich wirken lassen.

Nach zahllosen Stunden, vielen Tagen, etlichen Wochen und einigen Monaten erreiche ich mit grosser Erleichterung und mit grosser Freude die Grabstätte des heiligen Jakobus, lieber Gott.

Danke, Herr, durfte ich mich für meinen verstorbenen Vater auf den Weg begeben. Er hat seine letzte Reise angetreten, und ich durfte einen Teil meines Lebensweges abschreiten, einmalig wie das Leben auf Erden.

Mit Glücksgefühlen im Bauch und grosser Genugtu-
ung trete ich vor dich, lieber Gott.

Danke, Herr, hast du mir unterwegs auf dem Camino de Santiago stets die Augen dafür geöffnet,
was unwesentlich ist und worauf es ankommt.

In diesem Sinne: «Buen camino!» – «Ultreïa!»

Amen

Tomás Manuel Hostettler, 1967, Projektleiter bei der
HEKS Regionalstelle AG/SO, Aarau

Nach einem schweren Unfall

Lieber Gott,
ich danke dir in Demut, denn du hast nach meinem
schweren Unfall deine schützende Hand über mich
gehalten.

Auf der Intensivstation und auch nachher am
Krankenbett durfte ich spüren, dass du bei mir bist.
Du hast mich durch diese für mich schlimme Zeit
getragen.
Du hast mir Mut gemacht, nicht zu verzagen.
Du hast mir den Weg gezeigt, dass ich wieder zu
Kräften kam.
Du hast ermuntert anzunehmen.
Du hast mir aber auch die Augen geöffnet um zu
überdenken, wie es weitergehen soll.
Dankbar habe ich diese Hilfe angenommen und bin
heute wieder so weit genesen, dass ich die
täglichen Arbeiten verrichten kann.
Ich bitte dich, hilf du auch anderen Menschen und
lass sie deine Gnade und deine Güte spüren.

Amen

Peter Debrunner, pensioniert, Birrwil

Reicher geworden

Vor Jahren bin ich gehbehindert geworden.
Ich kann weder radfahren noch wandern
oder skifahren, meine liebsten Hobbies.
Aber ich bin reicher geworden an
Zwischenmenschlichem
und in der Beziehung zu Gott.
Guter Gott, ich danke dir.

Amen

G. B., 1924

Danke, dass Grosseltern mit dem Herzen sehen können

Licht hat das Dunkel der Nacht vertrieben,
Sonnenstrahlen senden erste, leise Wärme.
Der Tag erwacht und ich mit ihm –
fröhlich, unternehmungslustig, gesund.
Danke, Vater, fürs Behüten letzte Nacht.

Ans Tagwerk, frisch herausgeputzt und gestärkt.
Welches Programm diktiert mir heute meine
Agenda?
So viel soll im heutigen Tag Platz haben ...
Es kommt mir vor, als hätte der Tag 24 Stunden
und wenn das nicht reicht, kann ich noch die Nacht
dazu nehmen.
Gott, hast du mir bei dieser Tagesplanung auch
geholfen?

Bin ich eigentlich nicht pensioniert?
Ja, der Rentner ist manchmal mit dem Setzen von
Prioritäten überfordert!
Stopp, ein Telefon von unserer Tochter.
Sie muss mit Sohn Joan zum Notfallarzt, und ich
soll meine Enkelin hüten.
In mir sagen Vater und Grossvater gleichzeitig und
sofort: «Ja, ich bin schon unterwegs zu euch.»
Weg bin ich, und die Agenda mit allen Prioritäten
ist unwichtig.

Danke, Vater, für deine unsichtbare Hilfe bei
meinem Blitzentscheid.
Die Agenda liegt jetzt ungenutzt auf der Seite,
und die Tagesplanung steht kopf.
Es wird für mich ein anderer, langer Tag, und ich
bin als Grossvater meiner zweijährigen Enkelin
oft sehr gefordert mit den anfallenden Aufgaben.
Trotzdem sind die Hütestunden schnell vergangen,
und am Abend sind alle wieder zurück.
Mein Enkel hat alle nötige Hilfe bekommen und die
anderen konnten ihre Aufregung nach und nach
ablegen.
Müde, aber entspannt begebe ich mich auf den
Heimweg.
In mir breitet sich ein Glücksgefühl aus:
Wie schön ist es, Grossvater zu sein und Zeit mit
den Enkeln zu teilen.
Wie wichtig ist diese Generationenverbindung für
das Kind und den Grossvater –
ein unbeschreibliches Geschenk!
Danke, Vater, dass Grosseltern auch mit dem
Herzen sehen können.

Die Sonne hat sich zur Ruhe gelegt,
und die Dunkelheit hat begonnen, das Licht zu
verdrängen.
Danke, Vater im Himmel, für deine Toleranz
gegenüber dem freien Willen von uns Menschen –
danke für deinen Sohn Jesus Christus,

der für all unsere Schwächen und für unsere Fehler
gestorben ist –
danke, dass du uns Menschen durch den Heiligen
Geist jeden Tag und jede Nacht begleitest.

Amen

Kurt Haas, 1948, pensionierter Elektroingenieur, Lengnau

Leben aus der Zufriedenheit, die von dir kommt

Lieber Vater, ich danke dir für all das, was du mir täglich schenkst: Danke für die Möglichkeit, diese Ausbildung zu geniessen. Danke für all die lieben Mitmenschen, mit denen ich in Kontakt sein kann, und für die vielen Menschen, die mich inspirieren. Danke, dass ich in einem Land leben darf, das politisch stabil ist, alles Lebensnotwendige bietet und wo nicht versucht wird, den Glauben und das Vertrauen in dich zu unterdrücken.

Danke, dass du mich liebst und mir deinen Segen verheissen hast.

Vater, lass mich deinen Segen täglich erkennen. Schenke mir offene und dankbare Augen, damit ich erkennen kann, wo du dein Reich baust und wo du wirkst.

Aus Dank, dass du als Schöpfer der Welt mich annimmst, möchte ich meine Kraft zu deiner Ehre und zu deiner Herrlichkeit einsetzen. Entfache durch mich ein Glaubensfeuer in anderen Menschen, in Menschen, die dich kennen, sich aber kraftlos fühlen, und ebenso in Menschen, die dich noch nicht persönlich kennen.

Jesus, lass mich deine Versöhnung, deine Hoffnung und deine Zuversicht in Form von Lebensfreude und Liebe in die Welt hinaustragen. Gebrauche mich, wo Not herrscht.

Heiliger Geist, danke, dass du mich liebst, in mir lebst und mich erneuerst. Sättige du jeden Tag mein Verlangen nach dir, damit ich aus dieser inneren Zufriedenheit, die von dir kommt und alles übersteigt, leben kann.

Amen

Christoph Joller, 1984, Sozialdiakon in Ausbildung, Aarau

Gib uns Kraft

Lieber Gott

Gib uns Kraft, zu stärken
die Schwachen.
Gib uns Mut, einzustehen für
die Verfolgten.

Dank sag ich dir dafür,
heute, morgen und künftig.

Gib uns Stille, zu hören
die mundtot Gemachten.
Gib uns Stimme, zu trösten
die einsam Verzweifelten.

Dank sag ich dir dafür,
heute, morgen und künftig.

Gib uns Lust, die Freude
des Lebens zu feiern.
Gib uns Segen, die Pflicht
des Tages zu erfüllen.

Dank sag ich dir dafür
heute, morgen und künftig.

Amen

Richard Buser, 1970, Architekturhistoriker, Baden